Darmstadt. Eine afrikanische Liebeserklärung

Enoh Meyomesse

Darmstadt
Eine afrikanische Liebeserklärung

Herausgegeben von
Jürgen Strasser und Sascha Feuchert

Aus dem Französischen übertragen von
Jürgen Strasser

Ⓜ | METROPOL

Enoh Meyomesse ist Stipendiat des Elsbeth-Wolffheim-Literaturstipendiums der Stadt Darmstadt, die dieses Stipendium in Kooperation mit dem PEN-Zentrum Deutschland vergibt.

Wissenschaftsstadt
Darmstadt

Die Übersetzung dieses Buches wurde aus Mitteln des Writers-in-Prison-Programms des PEN-Zentrums Deutschland finanziert.

Originaltitel: Quand à Darmstadt je serai ...
© Les Éditions du Kamerun, Yaoundé – Août/August 2015
ISBN der französischsprachigen Ausgabe: 978-9956-10-049-8

Umschlagbild: Enoh Meyomesse

ISBN: 978-3-86331-259-6

© 2015 Metropol Verlag
Ansbacher Str. 70 · D–10777 Berlin
www.metropol-verlag.de
Alle Rechte vorbehalten
Druck: Arta-Druck, Berlin

Inhalt

Zum Geleit 7
En guise de préface 9
de/von Sascha Feuchert

Vorwort 12
Avant-propos 15
de/von Enoh Meyomesse

„Komm zum Sagen und Schreiben hierher" 17
« Viens dire et ecrire ici … » 21
de/von Jürgen Strasser

I

Comme les rois duala 24
Wie die Duala-Könige 25

Darmstadt 30
Darmstadt 31

Luisenplatz 34
Luisenplatz 35

Je sais que les gens 42
Ich weiß die leute 43

Dépaysé je ne serai 46
Ganz entwurzelt werd ich nicht sein 47

Quand je quitterai mon pays 52
Wenn ich mein land verlasse 53

Et quand de toi je rentrerai 60
Und wenn von dir ich zurückkehre 61

Toi qui m'as maltraité 64
Du der mich misshandelt hat 65

Je remercie mon Dieu 70
Ich danke meinem Gott 71

Salut à toi 84
Heil dir 85

II

Mon grand-père 94
Mein großvater 95

Kamerunstadt 100
Kamerunstadt 101

Schutztruppen 106
Schutztruppen 107

S'ils n'étaient pas venus 110
Wenn nicht sie gekommen wären 111

La visite de Lübke au Kamerun 114
Lübkes Besuch in Kamerun 115

Berlin 120
Berlin 121

Autor, Herausgeber und Übersetzer 124

Zum Geleit

„It is wonderful, I am effectively free. Yesterday the court released me. I have to leave the prison on Wednesday. I am EXTREMELY glad."

1241 lange Tage hat der kamerunische Dichter, Journalist und Menschenrechtler Enoh Meyomesse darauf warten müssen, diesen Satz in die Welt hinaus zu senden. Es war der 16. April 2015, als Meyomesse überraschend von einem Gericht freigesprochen wurde: Er selbst hatte wohl nicht damit gerechnet, denn zu oft war seine Berufungsverhandlung in der Vergangenheit angesetzt und immer wieder kurzfristig verschoben worden. Zu häufig war der Autor den vielen willkürlichen Schikanen einer Justiz ausgesetzt gewesen, die ihn am 22. November 2011 am Nsimalen International Airport in Yaoundé verhaften ließ, als er von einer Reise nach Singapur zurückkehrte. In den Tagen davor hatten die Behörden – ohne Durchsuchungsbefehl – Meyomesses Wohnung durchwühlt, Dokumente beschlagnahmt und eine Anklage konstruiert, die dem Dichter illegalen Waffenbesitz, einen Umsturzversuch und schweren Raub vorwarf. Meyomesse, der natürlich alle Anschuldigungen von sich wies, drohten 50 Jahre Haft. Im Oktober 2011, also nur einen Monat vor seiner Festnahme, war er als Kandidat einer Oppositionspartei bei den Präsidentschaftswahlen gegen Amtsinhaber Paul Biya angetreten, der seit 30 Jahren an der Spitze des Staates steht. Ganz offenbar war dies das „Vergehen", das nun geahndet werden sollte – mit Meyomesse sollte auch ein unbequemer Literat mundtot gemacht werden, der allzu häufig die Machthaber in Kamerun kritisiert hatte.[1]

---

1 Zu Meyomesses Fall mit all seinen Wendungen findet sich eine luzide Darstellung in englischer Sprache auf den Seiten des amerikanischen PEN: http://pen.org/defending-writers/enoh-meyomesse.

Enoh Meyomesse ist kein Einzelfall: Im Augenblick verzeichnet der internationale PEN über 800 Autoren auf seiner aktuellen „Case List",[2] die verfolgt, zensiert, verprügelt, inhaftiert oder gar ermordet wurden, nur weil sie ihr Recht auf Meinungsfreiheit wahrnehmen. Aber Enoh Meyomesse war von Anfang an ein sehr wichtiger Fall für den internationalen und den deutschen PEN: Fast vier Jahre lang haben seine Autorenkollegen für ihn gekämpft, immer wieder Petitionen verfasst, mit ihm kommuniziert, ihm Bücher, einen Computer und anderes mehr in das Gefängnis geschickt.[3] Enoh Meyomesse, der nahezu pausenlos dichtet, weil ihm das Schreiben zum Überlebensmittel geworden ist, sollte spüren, dass er nicht alleine ist. Jetzt endlich ist er frei, mehr noch: Das Elsbeth-Wolffheim-Literatur-Stipendium der Stadt Darmstadt und die Aufnahme in das Writers-in-Exile-Programm des deutschen PEN ermöglichen es ihm, zumindest für eine gewisse Zeit fern seiner Verfolger in Sicherheit zu leben und zu arbeiten. Denn schon kurz nach seiner Freilassung aus dem Gefängnis fingen die Schikanen wieder an, eine Ausreise war also dringend geboten. Der vorliegende schmale Band mit Gedichten ist noch in Kamerun entstanden, nachdem Enoh Meyomesse die Einladung erhalten hatte, nach Deutschland zu kommen. Er ist auch eine bewegende Liebeserklärung an seine neue, wenn vielleicht auch nur vorübergehende Heimat.

Herzlich willkommen in Deutschland, Enoh!

Sascha Feuchert, Vizepräsident des deutschen PEN
und Beauftragter für das Programm Writers-in-Prison

---

[2] In der jeweils aktuellen Fassung findet sich die Case List in englischer Sprache auch auf den Seiten des deutschen PEN: http://www.pen-deutschland.de/de/informieren/caselist/.

[3] Neben dem PEN hat sich in Deutschland auch besonders der Gießener Verein „Gefangenes Wort e. V." für Meyomesse eingesetzt und den Computer finanziert.

En guise de préface

« It is wonderful, I am effectively free. Yesterday the court released me. I have to leave the prison on Wednesday. I am EXTREMELY glad. »[1]

Ce moment, le poète, journaliste et activiste camerounais Enoh Meyomesse, l'a attendu pendant 1241 interminables jours avant de pouvoir enfin adresser cette phrase au monde entier. C'est le 16 avril 2015 qu'un tribunal prononça, à la grande surprise de tous, et lui-même en premier, sa libération, étant donné les nombreux renvois en dernière minute de son procès en appel, qui s'étaient produits auparavant. Meyomesse avait connu les affres d'une justice arbitraire dans son pays, qui l'avait fait arrêter le 22 novembre 2011, au retour d'un déplacement à Singapour, à l'aéroport international de Nsimalen à Yaoundé. Les jours précédant cette arrestation, et en son absence étant à l'étranger, les autorités avaient, sans mandat de perquisition, ordonné la fouille de fond en comble de son appartement et saisi des documents « compromettants » afin de construire une inculpation pour détention illicite d'armes, tentative de coup d'Etat et brigandage. Meyomesse qui, bien entendu, rejetait catégoriquement ces accusations, s'était retrouvé malgré tout condamné à une peine de 7 ans d'emprisonnement ferme. Il faut ainsi rappeler qu'il se trouve qu'un mois tout juste avant cette interpellation, il s'était porté candidat à l'élection présidentielle, aux couleurs d'un parti d'opposition, contre Paul Biya, au pouvoir depuis une trentaine d'années. Selon toute vraisemblance, c'était bien le « délit » que ses

---

1 « C'est merveilleux, en effet, je suis libre. Hier, le tribunal m'a relâché. Je dois quitter la prison mercredi. Je suis EXTRÊMEMENT heureux. »

persécuteurs visaient à sanctionner et réduire par là au silence un littéraire récalcitrant qui s'illustrait par d'incessantes critiques des hommes puissants du Cameroun.[2]

Toutefois, malheureusement, l'affaire Meyomesse n'est pas un cas isolé. A l'échelle mondiale, PEN International mentionne actuellement dans sa liste de cas plus de 800 auteurs persécutés, soumis à la censure, bastonnés, incarcérés, voire assassinés.[3] Enoh Meyomesse faisait partie, dès le début, des cas éminents pour PEN International et PEN Allemagne. Presque quatre années durant, ses collègues auteurs ont milité pour sa cause en rédigeant inlassablement des pétitions, en se mettant en contact avec lui, en lui fournissant à la prison un ordinateur et d'autres accessoires afin de lui témoigner qu'il n'était pas laissé pour compte dans sa cellule, lui, l'écrivain infatigable pour qui son art est devenu moyen de survie.[4] A l'heure actuelle, il a enfin retrouvé la liberté et ce n'est pas tout : la bourse littéraire Elsbeth-Wolffheim, accordée par la ville de Darmstadt, ainsi que son adhésion au programme des écrivains en exil par le Centre PEN Allemagne, lui offrent désormais l'occasion de vivre et de travailler en paix et loin de ses persécuteurs, ne serait-ce que pour un temps limité. En effet, à peine libéré de prison, Meyomesse s'était retrouvé à nouveau confronté à des tracasseries diverses de la part du pouvoir. Par conséquent, son rapide départ de son pays s'imposait. Ce petit recueil de poèmes que vous tenez actuellement en mains a été rédigé au Cameroun juste après qu'Enoh Meyomesse

2   Pour une description lucide de son cas, voir le site internet du PEN American Center : http://pen.org/defending-writers/enoh-meyomesse.
3   Cette liste de cas est régulièrement établie et mise à jour par PEN International et peut aussi être consultée sur le site du Centre PEN Allemagne : http://www.pen-deutschland.de/de/informieren/caselist/.
4   Outre PEN, c'est en Allemagne notamment l'association « Gefangenes Wort » (« parole en prison ») à Gießen qui s'est engagé en finançant l'ordinateur.

venait de recevoir son invitation à séjourner en Allemagne. Ces poèmes sont ainsi une touchante déclaration d'amour à son nouveau chez-soi, fût-il provisoire.

Bienvenue en Allemagne, Enoh !

Sascha Feuchert, Vice-président du Centre PEN Allemagne et chargé du Comité des écrivains en prison.

Vorwort

Die Inspiration für diesen Gedichtband ist mir eines Abends gekommen, als ich glücklich war bei dem Gedanken, eine Zeit lang in Darmstadt in Deutschland zu leben.
Wir Dichter sind nun einmal so.
Ein Nichts inspiriert uns.
Deutsche Schriftsteller, Mitglieder von PEN Deutschland, die mich unterstützt haben, als ich in einem finsteren Gefängnis in Kamerun inhaftiert war, haben mir angeboten, mich für einige Zeit aus der Hölle zu entfernen, die mein Land Kamerun mir geworden war.
Ehrlich gesagt, hatte ich nicht einen Tag daran gedacht, ins Exil zu gehen, denn das hieß für mich, dem Kampf aus dem Weg zu gehen. Man muss schon vor Ort bleiben, um die Welt zu verändern.
So dachte ich. Aber hatte ich damit recht?

Man kann die Welt verändern, egal, wo man auch ist.
Also habe ich vollen Herzens dieses so freundschaftliche Angebot meiner deutschen Kollegen angenommen.
Dieser Gedichtband beinhaltet daher zahlreiche Gedichte, die mir eins nach dem andern in den Sinn gekommen sind, als Vorbereitung auf mein Exil in jener Stadt im Land Hessen in Deutschland.
Mehrere davon thematisieren die historischen Beziehungen zwischen Deutschland und Kamerun. Diese hatten am 12. Juli 1884 mit der Unterzeichnung eines deutschen Protektorats in Kamerun ihren Anfang genommen. Der Krieg von 1914 bis 1918 hat alles über den Haufen geworfen, und Kamerun war unter französische und britische Verwaltung gekommen.
Doch die Spuren und Erinnerungen an diese deutsche Vergangenheit des Landes sind bis zum heutigen Tag

lebendig geblieben und werden gewiss niemals vergehen, auch wenn die ehemals deutschen Vornamen der Menschen im Lauf der Jahre durch französische und englische ersetzt worden sind. Der beständigste Teil dieser Erinnerung ist schon der Name Kamerun selbst: es waren die Deutschen, die ihn 1884 eingeführt haben, indem sie die heutige Stadt Douala so benannten: Kamerunstadt. Letztlich haben sie den Namen auf das gesamte Gebiet übertragen: Kamerun. Dieser Name wäre von der französischen Kolonialverwaltung beinahe abgeschafft worden, die für eine Übergangszeit bis zu einer neuen Namensfindung das Gebiet schon mit dem Begriff „Ehemals besetzte Gebiete Kameruns" (*„Anciens territoires occupés du Cameroun"*) bezeichnete. Nichtsdestotrotz bestätigte der Völkerbund 1923 den Namen Kamerun. Das ist also der größte Beitrag Deutschlands für mein Land. Auf all dies gehe ich in meinen Gedichten ein.

Ich schulde Herrn Friedrich Veitl besonderen Dank für die Freundschaft und die Ehre, die er mir erwiesen hat, indem er diesen Gedichtband in seinem Verlagshaus in Berlin veröffentlicht hat. Für ihn war es, wenn ich mir gestatten darf, Neil Armstrong bei seiner Mondlandung 1969 zu paraphrasieren, eine Kleinigkeit, für mich jedoch etwas Großartiges, denn er hat mich, afrikanischer Autor, der ich bin, in die so blühende Literaturszene Deutschlands eingeführt. Er hat so meine Feder im Herzen Europas verankert.

Ich schulde auch Herrn Jürgen Strasser Dank, der keine Mühen gescheut hat, dieses Buch ins Deutsche zu übersetzen, Herrn Sascha Feuchert, der mich während der Verfolgung, der ich in meinem Land ausgesetzt war, regelrecht in seine Hände genommen hat, und natürlich allen Mitgliedern von PEN Deutschland, die großes Mitgefühl für ihren Bruder in Schwierigkeiten zeigten, der ich war, so weit entfernt von ihnen. Sie haben mir eine vielfältige Hilfe angedeihen lassen, insbesondere indem sie bei der Regierung Kameruns meine Freilassung gefordert haben, als ich in Haft war.

Zu guter Letzt schulde ich Dank den Behörden der Stadt Darmstadt, die freundlicherweise zugestimmt haben, mich in ihrer Gemeinde aufzunehmen und mir so einen unerwarteten Hafen des Friedens geschenkt haben, entledigt des Schreckgespenstes einer Polizeirazzia und der Beschlagnahmung meiner Manuskripte.

Enoh Meyomesse

Avant-propos

L'inspiration de ce recueil de poèmes m'est venue un soir alors que j'étais joyeux à l'idée d'aller vivre quelque temps dans la ville de Darmstadt en Allemagne.

Nous les poètes, nous sommes ainsi.

Un rien nous inspire.

Des écrivains allemands membres de PEN Deutschland qui m'ont soutenu lorsque j'étais en détention dans une sinistre prison au Cameroun, m'ont offert de m'éloigner pour quelque temps de l'enfer qu'était devenu pour moi mon pays.

A vrai dire, je n'avais jamais envisagé un jour de m'exiler, car de mon point de vue, c'était fuir le combat. Il faut demeurer sur place pour changer le monde. Telle était ma conviction.

Mais, avais-je raison ?

On peut changer le monde en se trouvant n'importe où. Alors, j'ai accepté de tout cœur l'offre ô combien amicale de mes confrères allemands. Ce recueil de poésie renferme ainsi un grand nombre de poèmes qui me sont, les uns après les autres, venus en esprit en préparation de mon exil, dans cette ville du land de Hesse en Allemagne.

Plusieurs de ceux-ci évoquent la relation historique entre l'Allemagne et le Cameroun. Celle-ci avait vu le jour le 12 juillet 1884, par la signature d'un protectorat allemand au Cameroun. Le déclenchement de la guerre de 1914–1918, est venu tout remettre en cause, et le Cameroun est passé sous administration française et britannique.

Mais, les vestiges et le souvenir de ce passé allemand du pays sont demeurés vivaces jusqu'à ce jour, et sans doute ne disparaîtront jamais, même si les prénoms des gens jadis en allemand, eux, ont été remplacés au fil des ans par des prénoms français et anglais. Le plus indélébile de ce souvenir, est le nom

Cameroun. Ce sont les Allemands qui l'ont établi en 1884, en désignant par cette appellation, l'actuelle ville de Douala : Kamerunstadt. Puis, ils ont finalement adopté Kamerun pour l'ensemble du territoire. Ce nom avait failli être remplacé par l'administration coloniale française qui s'était mise à désigner le pays sous le vocable « *Anciens territoires occupés du Cameroun* », en attendant de trouver un autre nom. En 1923, malgré tout, la Société des Nations, SDN, est venue réaffirmer l'appellation Kamerun. Tel est le plus grand apport de l'Allemagne à mon pays. J'évoque tout cela dans ma poésie.

Je me dois de remercier vivement Monsieur Friedrich Veitl pour l'amitié et l'honneur qu'il m'a faits de publier ce recueil de poésie dans sa maison d'édition à Berlin, Metropol Verlag. Pour lui, si je puis me permettre de paraphraser l'astronaute américain Neil Armstrong lorsqu'en 1969 il avait débarqué sur la lune, cela a été un banal petit acte, mais pour moi, un grand, car il m'a introduit, auteur africain que je suis, dans la littérature si florissante de ce pays qu'est l'Allemagne. Il a ainsi installé ma plume au cœur de l'Europe.

Je me dois également de remercier Monsieur Jürgen Strasser qui a pris tant de peine à traduire ce livre en allemand, Monsieur Sascha Feuchert, qui m'a véritablement pris en mains pendant la persécution dont j'ai été l'objet dans mon pays, et, naturellement, tous les membres de PEN Allemagne qui se sont grandement émus du sort de leur confrère africain en difficulté que j'étais, si loin de chez eux. Ils m'ont apporté une aide multiforme, notamment en exigeant ma libération au gouvernement du Cameroun, pendant que j'étais en détention.

Enfin, je me dois de remercier les autorités de la ville de Darmstadt qui ont aimablement accepté de m'accueillir dans leurs murs, et m'ont ainsi offert un havre de paix inespéré, pour écrire tous les livres que je désire, débarrassé de la hantise d'une descente de la police, et de la saisie de mes manuscrits.

Enoh Meyomesse

„Komm zum Sagen und Schreiben hierher"

„Darmstadt. Eine afrikanische Liebeserklärung" ist gewissermaßen das Einstandsgeschenk Enoh Meyomesses an Deutschland. Es birgt einige Überraschungen, die es zu entdecken lohnt.

Die erste davon, wenngleich als solche hier nicht unmittelbar sichtbar, ist wohl diejenige, dass Deutsch die erste Fremdsprache ist, in der Meyomesses Werke als Übersetzung erschienen sind. Dies geht zurück in die Zeit, als der Autor in Kamerun inhaftiert war. Dem österreichischen PEN-Club war es damals gelungen, an das Manuskript jenes Gedichtbandes zu gelangen, an dem Meyomesse im Gefängnis schrieb. Es erschien bei Löcker in Wien unter dem Titel „Gedichte des Häftlings in Kondengui". Kurz nach seiner Freilassung im April 2015 folgten die „Blumen der Freiheit".

Eine weitere Überraschung bietet der Stil, in dem die Gedichte geschrieben sind. Es ist eine unkonventionelle Schreibweise, in der die verschiedenen Gedanken ungestüm auf die Leserin, den Leser einstürmen, oftmals in Form von Wortwiederholungen. Man kann sich gut vorstellen, dass diese Gedichte weniger für die Lektüre als für einen mit Tamtam und Marimba untermalten Vortrag geschrieben worden sind, wie es der Autor ja in einigen Verszeilen anklingen lässt. Wenn wir ihn beim Wort nehmen dürfen, wird wohl eines nicht allzu fernen Tages noch der ehrwürdige Darmstädter Luisenplatz Zeuge einer solchen Darbietung werden.

Um dem Spiel des Autors zwischen Groß- und Kleinbuchstaben besser gerecht zu werden, haben wir uns entschlossen, auch im Deutschen generell die Kleinschreibung anzuwenden. Insbesondere die einzelnen Verszeilen beginnen so auch mit Kleinbuchstaben, was im Übrigen in der Stilrichtung der Négritude, auf welche der Autor ja auch Bezug nimmt, gängige Praxis ist.

Während die äußere Form der Gedichte in allen drei Bänden ähnlich bleibt, ist der Ton grundsätzlich verschieden und spiegelt auch die persönliche Entwicklung im Leben des Dichters wider. Im Band aus dem Gefängnis dominieren Traurigkeit, Wut und Zorn über das erlittene Unrecht, die sogar in Gedanken an Selbstmord münden. Die Gedichte sind überwiegend introvertiert, schildern den trostlosen Haftalltag. Der Autor grübelt an Wortspielen und Wortschöpfungen, als würde er sich damit die lange Zeit vertreiben wollen. In den „Blumen der Freiheit" stoßen wir auf einen spontanen Ausbruch der Freude über die Freilassung aus dem Gefängnis, zu der sich jedoch ein Anflug von Skepsis gesellt: War das nun wirklich alles, scheint der Autor sich zu fragen, oder hat die Geschichte doch noch irgendwo einen Haken? Die Gedichte im hier vorliegenden Band sind hingegen weitgehend von Zuversicht, Optimismus und dem Glauben an eine bessere Zukunft geprägt – wie es Liebeserklärungen nun einmal so an sich haben.

Meyomesse spricht hier ganz offen seine Erwartungen, Träume, Wünsche, aber auch Sorgen aus, die er mit Deutschland verbindet. Diese Gefühle sind verwoben mit Reminiszenzen an die Zeiten des deutschen Protektorats in Kamerun, die auf den ersten Blick unter seiner Feder wohl etwas zu rosig wirken, als dass sie der kruden Realität des deutschen Kolonialismus entsprechen könnten.

Doch Dichtung ist weder reine Wissenschaft noch bloßer Tatsachenbericht. Ihre Wahrheit basiert auf subjektiven Empfindungen, die das Leben und Erleben eines Menschen in seiner Zeit ausmachen. Ihr besonderer Beitrag liegt darin, diese unterschiedlichen Wahrnehmungen aufzuzeigen. Der

Nährboden freilich, auf dem die Aufzeichnungen solcher Wahrnehmungen gedeihen können, heißt Freiheit.

Diese für uns auf erstem Blick überraschenden Wahrnehmungen reichen hier vom Hinweis, es sei der deutschen Verwaltung zu verdanken, dass das von mehr als 230 verschiedenen Ethnien mit ebenso vielen verschiedenen S–prachen bewohnte Land überhaupt einen einheitlichen Namen bekommen habe („er war/ mehrzahl/ mein name"), über die Bewohner des Landes, die von einem Tag auf den anderen ihre Vornamen ändern mussten, weil sie nicht mehr opportun waren, bis hin zu Bundespräsident Lübkes Staatsbesuch in Afrika, welcher hierzulande wegen eines völlig anderen Details in Erinnerung geblieben ist als jenes, welches der kleine Enoh am Straßenrand erlebt hat, als die Präsidentenlimousine vorbeifuhr. Beide Details dieses Staatsbesuchs stimmen, beide begründen jedoch völlig unterschiedliche Erinnerungen, aus denen je nach Blickwinkel Erwartungshaltungen oder Vorurteile entstehen können.

Die Wahrnehmung der deutschen Wiedervereinigung aus kamerunischer Sicht bei einem herbei gedachten Berlinbesuch bildet den Abschluss des Gedichtbandes. Auch der Autor habe „Zonen" und eine „Demarkationslinie" gekannt, bis er am 1. Oktober 1961 seine persönliche „Wiedervereinigung" erleben konnte. An jenem 1. Oktober 1961 hatte sich der Südteil der britischen Verwaltungszone per Referendum dem 1960 unabhängig gewordenen Teil der vormals französischen Verwaltungszone und heutigen Republik Kamerun angeschlossen. Berlins Tränen waren also auch dem Autor „über die Wangen geronnen", zumal auch er nachvollziehen konnte, was es hieß, mit Zonengrenzen zu leben.

Trotz aller historischen, oft überraschend positiven, Reminiszenzen geht es in diesen Gedichten nicht ums Schönfärben vermeintlich „guter, alter Zeiten". Was der Autor eigentlich vermittelt, ist ein Aspekt, der in der aktuellen Debatte um Europas Krise und sein Umgang mit Flüchtlingen viel zu kurz kommt. Es ist nicht nur der wirtschaftliche Wohlstand, der Menschen dazu animiert, in Deutschland ihr Glück zu suchen. Mindestens ebenso bedeutend ist wohl die Tatsache, hier in Freiheit denken, schreiben und leben zu dürfen.

Diese Freiheit ist für uns zur Selbstverständlichkeit geworden. Allzu oft nehmen wir sie passiv als ein vorhandenes Gut war, für das zu kämpfen wir verlernt haben. Daher rührt wohl auch jenes von Bundespräsident Gauck in seinem Plädoyer mahnend konstatierte „merkwürdige Unvermögen, aktiv zu werden, wenn aus der Sehnsucht nach Freiheit die Gestaltung von Freiheit wird".[1]

Menschen wie Enoh Meyomesse verdanken wir es, in Erinnerung gerufen zu bekommen, dass auch bei uns die Freiheit nicht auf den Bäumen wächst und wir gut daran tun, sie zu pflegen, zu bewahren und zu schützen, und sei es einfach dadurch, indem wir sie aktiv in Anspruch nehmen.

Insofern ist dieses Buch nicht nur ein Geschenk an Deutschland, sondern an ganz Europa und an alle, denen die Freiheit des Wortes ein Herzensanliegen ist.

Jürgen Strasser

---

1 Joachim Gauck, Freiheit. Ein Plädoyer, München 2012, S. 24.

« Viens dire et ecrire ici … »

Quand à Darmstadt je serai est pour ainsi dire le cadeau qu'offre Enoh Meyomesse à l'Allemagne. Ecrits à la veille de son séjour dans ce pays, ses poèmes contiennent maintes surprises dignes d'être découvertes par les lecteurs.

L'auteur y évoque ses attentes, ses rêves et ses désirs, mais aussi les soucis qui le hantent pendant ses derniers jours avant le départ. Les sentiments qu'il nourrit pour l'Allemagne, et qui constituent la trame de ce livre, sont dominés par les réminiscences de l'époque du protectorat allemand au Cameroun. De prime abord, ce passé paraît, sous sa plume, peint à l'eau de rose contrairement à la réalité historique bien souvent triste pour les sujets du colonialisme allemand.

Mais la poésie n'est ni science pure ni simple reportage de faits. Sa vérité se fonde sur les sentiments subjectifs qui constituent la vie concrète d'un être humain dans son temps. L'un de ses apports particuliers est de rendre visible la diversité des perceptions existantes d'un seul et même fait, selon les différents points de vue auxquels on se place. Afin d'élever ces nombreux postes d'observation en variant le mieux possible ces prises de vue différentes, il faut d'abord, bien entendu, préparer un terrain propice à bâtir ce genre d'architecture. Ce terrain s'appelle bel et bien liberté.

Non, il n'est pas question dans ces poèmes de colorer à l'eau de rose les soi-disant « beaux, vieux temps ». Au contraire, le message que l'auteur nous transmet est d'une actualité d'autant plus brûlante qu'il couvre un aspect souvent, à tort, négligé dans le débat politique prédominant de nos jours, à savoir celui sur la crise et le destin des réfugiés en Europe. Il convient de souligner que ce n'est pas seulement le bien-être économique qui incite de plus en plus les gens à venir chercher leur bonheur en Allemagne, c'est également la perspective d'enfin pouvoir penser et s'exprimer librement.

Aussi banale qu'elle puisse nous paraître dans nos vies quotidiennes, cette liberté, il faut se l'acquérir. Or, nous avons souvent tendance à oublier qu'elle n'est pas une aubaine acquise, un jouet parmi tant d'autres destinés à nous rendre la vie facile. D'où la mise en garde de Joachim Gauck, président de la République, lorsqu'il flagelle, dans son Plaidoyer pour la liberté, « cette étrange impuissance de s'activer dès que le désir de liberté tourne en besoin de la mettre en œuvre. »[1]

Ce sont des personnalités comme Enoh Meyomesse à qui nous devons ce rappel lucide qu'il faut constamment, pour paraphraser Voltaire, « cultiver sa liberté » afin de cueillir ses plus beaux fruits.

De ce point de vue, ce recueil de poèmes n'est pas seulement un cadeau à l'Allemagne, mais à toute l'Europe, voire à tous les humains, hommes et femmes, partisans de la liberté de la parole.

Jürgen Strasser

---

1   En allemand: „dieses merkwürdige Unvermögen, aktiv zu werden, wenn aus der Sehnsucht nach Freiheit die Gestaltung von Freiheit wird". – Joachim Gauck, Freiheit. Ein Plädoyer, München 2012, S. 24.

I

Comme les rois duala

Comme
> les rois duala
> ces princes de mon pays
> en 1884
> se mariaient avec toi
> ô Allemagne
> pour jouir de ta protection

Comme
> les rois duala
> en cette année-là
> célébraient leurs noces avec toi
> ô Allemagne
> pour se blottir
> sous
> ton aile
>> tels des poussins
>> celle de maman poule

Comme
> les rois duala
> à cette époque-là
> recherchaient l'amitié avec toi
> ô Allemagne

Wie die Duala-Könige

Wie

    die duala könige
    diese fürsten meines landes
    im jahre 1884
    sich mit dir trauten
    oh Deutschland
    um deinen schutz zu genießen

Wie

    die duala könige
    in jenem jahr
    ihre hochzeit mit dir feierten
    oh Deutschland
    um sich anzukuscheln
    unter
    deinen fittichen
        küken gleich
            unter jenen der mamaglucke

Wie

    die duala könige
    zu jener zeit
    die freundschaft mit dir suchten
    oh Deutschland

me voici
> je viens à toi
> ô pays bien-aimé
> me gaver de ta quiétude
> moi le poète maudit
> pourchassé
> dans mon pays

me voici
> écrivain haï
> damné par les miens
> je viens à toi
> rechercher le réconfort

ne me persécute pas
> ne me chasse pas
> ne me rejette pas
> à ton tour

Ouvre-moi plutôt grandement
tes bras
> ô Allemagne
> offre-moi affectueusement
> ton cœur que j'y dépose
> délicatement un baiser rempli
> d'espérances infinies
> et couve-moi tendrement
> tel un nouveau-né

comme
> les rois duala
> ces princes de mon pays
> en 1884
> se mariaient avec toi
> ô Allemagne
> pour jouir de ta cuirasse

Steh ich nun da
>	ich komme zu dir
>	oh vielgeliebtes land
>	saug mich mit deinem seelenfrieden voll
>	ich der verfemte dichter
>	verjagt
>	in meinem land

da steh ich nun
>	verhasster schreiber
>	von den meinen verdammt
>	ich komme zu dir
>	suche halt

Verfolge mich nicht
>	verjag mich nicht
>	verstoß mich nicht
>	jetzt auch du

Öffne mir lieber weit
deine arme
>	oh Deutschland
>	öffne mir liebevoll
>	dein herz damit ich dort sachte
>	einen kuss hinterlege voller
>	unendlicher hoffnungen
>	und behüte mich sanft
>	wie ein neugeborenes

wie
>	die duala könige
>	diese fürsten meines landes
>	im jahre 1884
>	sich mit dir trauten
>	oh Deutschland
>	um deinen schutzpanzer zu genießen

je suis venu écrire mes vers
là où je ne serai pas pourchassé
je suis venu écrire mes romans
là où la police ne les confisquera pas
là où la police ne les déchirera pas
là où la police ne les brûlera pas

je suis venu tout simplement
écrire à l'ombre de ta tranquillité
et de ta sécurité
      toi qui de grands écrivains
      as enfantés

Oui
      je suis venu m'abreuver
      à leur génie séculaire
      telle une fleur desséchée
      qui désire reprendre vie
      et se charger à nouveau
      de chlorophylle
je dis
comme
      les rois duala
      ces princes de mon pays
      en 1884
      ô Allemagne
      je viens à toi
      accueille-moi
      affectueusement

meine verse schreiben bin ich gekommen
dorthin wo ich nicht verjagt werde
meine romane schreiben bin ich gekommen
dorthin wo die polizei sie nicht beschlagnahmt
dorthin wo die polizei sie nicht zerreißt
dorthin wo die polizei sie nicht verbrennt

Zum schreiben bloß bin ich gekommen
im schatten deiner seelenruhe
und deiner sicherheit
     du das große schriftsteller du
     hervorgebracht hast

ja
     ich bin hergekommen mich
     an ihrem geist der jahrhunderte
     vollzusaugen einer vetrockneten
     blume gleich die wieder leben will
     von neuem sich aufladen
     mit pflanzenfarbstoff
ich sage dir
wie
     die duala könige
     diese fürsten meines landes
     im jahre 1884
     oh Deutschland
     komme ich zu dir
     nimm mich auf
     liebevoll

Darmstadt

au son de ton nom
mon cœur a palpité follement
enivré par le désir de te serrer
fortement dans mes bras et
de te battre un tam-tam de joie
kin-kin-kin-kundum
kin-kin-kin-kundum
    kum-kum-kum
      ô ville du land de Hesse

    DARMSTADT

au son de ton nom
mon être est revenu à la vie
et mon âme a bondi de la tristesse
moi que ces gens ont enterré
      ô ville du land de Hesse

    DARMSTADT

au son de ton nom
ma plume
    mon encrier
        mes doigts
           et ma main

    oui
    ma main
    faite pour
        peindre le monde

Darmstadt

beim klang deines namens
begann mein herz wild zu schlagen
trunken vor lust dich zu drücken
fest in meinen armen und dir
ein freuden-tamtam zu schlagen
kin-kin-kin-kundum
kin-kin-kin-kundum
    kum-kum-kum
      oh stadt des landes Hessen

    DARMSTADT

beim klang deines namens
ward mein dasein wieder leben
und meine seele tat den sprung aus den tristessen
ich den diese leute schon begraben hatten
    oh stadt des landes Hessen

    DARMSTADT

beim klang deines namens haben
meine feder
    mein tintenfass
        meine finger
            und meine hand

    ja
    meine hand
    geschaffen
        farbenfroh die welt zu schildern

Ont repris goût
et tout s'est illuminé à mes côtés
  ô ville du land de Hesse

  DARMSTADT

au son de ton nom
le vent est redevenu pur
la lumière est redevenue étincelante
et plus luisante
que jamais
  ô ville du land de Hesse

  DARMSTADT
  DARMSTADT
  DARMSTADT
  ô ville que je bénis et proclame
  cité céleste
  moi le poète

tu as rajouté
  des années
  à ma vie

Wieder mut gefasst
und alles rings um mich ward licht
    oh stadt des landes Hessen

    DARMSTADT

beim klang deines namens
ist der wind frisch geworden
das licht wieder glänzend
und strahlender
als je zuvor
    oh stadt des landes Hessen

    DARMSTADT
    DARMSTADT
    DARMSTADT
    oh stadt die ich rühme ich rufe dich aus
    zur himmelsstadt
    ich der dichter

du hast meinem leben
    jahre
    hinzugegeben

Luisenplatz

et voici
je rêve de toi ô Luisenplatz
    je rêve de toi

Oh !
je t'ai vue
dans mon *laptop*
et j'ai déclaré mon amour pour toi
quand ils m'ont dit
Herr Enoh ! viens donc écrire ici
personne ne te perturbera
tu deviendras un homme nouveau
tu décriras la terre en paix
viens donc parmi nous

j'ai contemplé ton obélisque
magique qui te surplombe
et me suis vu à ses pieds déjà
ma caméra en mains
t'immortalisant

j'ai contemplé tes bancs publics
où se nouent des amours
lorsque jaillit le printemps
pourchassant le froid soleil
de l'hiver
j'ai contemplé tes visiteurs
si nombreux
des touristes et des résidents
de la ville

Luisenplatz

na also
jetzt träume ich schon von dir oh Luisenplatz
ich träume von dir

Oh!
ich hab dich gesehn
in meinem *laptop*
und dir sofort meine liebe erklärt
als sie mir sagten
Herr Enoh! komm doch hierher zum schreiben
keiner wird dich hier stören
ein neuer mensch wirst du werden
die erde in frieden beschreiben
komm doch mal zu uns

ich habe deinen obelisken betrachtet
zauberhaft wie er dich überstrahlt
und hab mich schon zu seinen füßen gesehen
meine kamera in der hand
dich zu verewigen

ich habe deine parkbänke betrachtet
wo liebschaften sich binden
wenn der frühling quillt
und der kalten wintersonne
nachstellt
ich habe deine besucher betrachtet
so reich an zahl
touristen wie bewohner
der stadt

j'ai contemplé tes magasins alentour
aux rayons inondés de marchandises
rien à voir avec ceux de mon pays
remplis de friperies

ô Luisenplatz
sans public
je sais que tu es plus grande encore
et tes moineaux s'élèvent au ciel
et font *frou-frou-frou-frou*
en battant des ailes

pour se percher à la cime des arbres
alentour

Sais-tu
ô Luisenplatz

    je viendrai jouer
        au balafon
           A TES PIEDS

  ma tête se déchaînera
  mon cou se déchaînera
  mon torse se déchaînera
  mes épaules se déchaîneront
et
    et
        et
           mes mains
              AUSSI
tellement
elles seront joyeuses

ich habe deine geschäfte ringsum betrachtet
mit den von waren überquellenden regalen
nicht so wie jene meines landes
voll ramsch aus zweiter hand

Oh Luisenplatz
ohne publikum
bist du ich weiß noch größer sogar
und deine spatzen steigen in den himmel
und machen *fru-fru-fru-fru*
wenn sie mit den flügeln schlagen

Um sich auf den wipfeln der bäume ringsherum
niederzulassen

Weißt du
oh Luisenplatz

    ich werde zum
        marimbaspielen kommen
        ZU DEINEN FÜSSEN

    mein kopf wird sich entfesseln
    mein hals wird sich entfesseln
    mein rumpf wird sich entfesseln
    meine schultern werden sich entfesseln
    und
        und
            und
                meine hände
                AUCH
so voller
freude werden sie sein

elles étreindront avec vivacité
les baguettes de bois de mon
balafon
et les frapperont sur les lamelles
de bambou de mon instrument
millénaire d'Afrique comme si
elles voulaient les casser

et
des gourdes en-dessous
jailliront des sonorités magiques
que jamais
    tu n'as entendues

et ma tête dansera
et mon cou dansera
et mes cheveux danseront
et mes épaules danseront
et mes mains danseront
et mes doigts danseront
et mes reins danseront
et mes fesses danseront
et mes cuisses danseront
et mes genoux danseront
et mes mollets danseront
et mes chevilles danseront
et mes tibias danseront
et mes pieds danseront
et mes orteils danseront
et
et
TOUT MON CORPS
DANSERA

beherzt werden sie
die holzschlägel fassen meiner
marimba
und auf die bambusscheiben
hämmern meines instruments
jahrtausende alt aus afrika
als wollten sie's zerdeppern

und
den kalebassenröhren darunter
werden zauberhafte klangfarben entströmen
die du noch nie
    vernommen hast

und mein kopf wird tanzen
und mein hals wird tanzen
und meine haare werden tanzen
und meine schultern werden tanzen
und meine hände werden tanzen
und meine finger werden tanzen
und meine lenden werden tanzen
und meine hinterbacken werden tanzen
und meine schenkel werden tanzen
und meine knie werden tanzen
und meine waden werden tanzen
und meine schienbeine werden tanzen
und meine knöchel werden tanzen
und meine füße werden tanzen
und meine zehen werden tanzen
und
und
MEIN GANZER KÖRPER
WIRD TANZEN

et les passants danseront
et les curieux danseront
et les badauds danseront
  AUSSI
TOUT tout autour de moi et de toi
TOUT tout tout tout
  autour de nous deux dansera
  car je t'aurai apporté
  MA NEGRITUDE

Ô Luisenplatz

je dis
je n'apporterai pas que mes livres
que je viendrai déguster calmement
à l'ombre de tes bâtiments
  comme tout le monde

  je t'apporterai aussi
  TOUTE
   MA
    CHALEUR
je rêve de toi ô Luisenplatz
je rêve de toi
  jour et nuit

Und die passanten werden tanzen
und die neugierigen werden tanzen
und die schaulustigen werden tanzen
    EBENSO
ALLES alles rings um dich und um mich
ALLES alles alles alles
    rings um uns zwei wird tanzen
    weil ich dir mitgebracht haben werde
    MEINE NEGRITUDE

Oh Luisenplatz

ich sage dir
ich bringe nicht nur meine bücher mit hierher
die ich dann ganz still genieße
im schatten deiner gebäude
    wie jedermann

    ich bringe dir auch
    MEINE
        GANZE
            HERZENSWÄRME
ich träume von dir oh Luisenplatz
ich träume von dir
    tag und nacht

Je sais que les gens

je sais que les gens me regarderont
je sais que les gens me découvriront
je sais que les gens
        les gens
        les gens
        s'agaceront

Oui-il-vient-d-Afrique-et-il-fait-du-bruit
oui-c-est-comme-ça-les-Africains
il-vient-d-Afrique
        oui
        ils-aiment-le-bruit

je sais que les gens me regarderont
je sais que les gens me découvriront
je sais que les gens
        les gens
        les gens
        s'exclameront

il-a-un-tam-tam-avec-lui
et-il-va-faire-du-vacarme
        et puis
        et puis
        brailler-en-pleine-nuit
        brailler-en-plein-jour
        ô-Dieu-du-ciel
        nous-sommes-morts

Ich weiß die leute

ich weiß die leute werden mich anschauen
ich weiß die leute werden mich erblicken
ich weiß die leute
        die leute
        die leute
        werden sich ärgern

ja-der-kommt-doch-aus-Afrika-und-der-macht-lärm
ja-so-sind-sie-halt-die-Afrikaner
der-kommt-aus-Afrika
        ja
        die-mögen-lärm

ich weiß die leute werden mich anschauen
ich weiß die leute werden mich erblicken
ich weiß die leute
        die leute
        die leute
        werden sich aufregen

der-hat-ein-tamtam-dabei
der-wird-noch-krach-machen
        und dann
        und dann
        mitten-in-der-nacht-rumbrüllen
        mitten-am-tag-rumbrüllen
        oh-Gott-im-himmel
        das-bringt-uns-um

je sais que les gens me regarderont
je sais que les gens me découvriront
je sais que les gens
         les gens
         les gens
         s'agaceront

et moi je leur dirai
MES AMIS
O MES AMIS
      j'ai fui mon pays
      parce qu'ils ont voulu
      me tuer

      je n'ai pas que le tam-tam
      je n'ai pas que le balafon
      je n'ai pas que des grelots
aux tibias
      j'ai aussi mon stylo
      j'ai aussi mon dictionnaire
      j'ai aussi mon *Laptop*
      pour vous écrire
           DES POEMES
           NEGRES

ich weiß die leute werden mich anschauen
ich weiß die leute werden mich erblicken
ich weiß die leute
      die leute
      die leute
      werden sich ärgern

doch ich werde ihnen sagen
MEINE FREUNDE
OH MEINE FREUNDE
      ich bin aus meinem land geflohen
      denn die wollten
      mich umbringen

      ich habe nicht nur das tamtam
      ich habe nicht nur die marimba
      ich habe nicht nur die glöckchen
am schienbein
      ich hab auch meinen füller
      ich hab auch mein wörterbuch
      ich hab auch meinen *Laptop*
      um euch zu schreiben
         NEGER
         GEDICHTE

Dépaysé je ne serai

en arrivant dans tes murs
ô Darmstadt je ne serai pas
        dépaysé
        NON !

j'apprends déjà l'allemand
mais

dans ma langue
je dis depuis longtemps déjà *Yaa* !!!
        comme tes enfants disent *Ja* !

dans ma langue
je dis aussi *Toya*
        comme tes enfants disent *Steuer*

dans ma langue
je dis encore *Lambe*
        comme tes enfants disent *Lampen*

dans ma langue
    je dis
    je dis
    je dis
    tant
        et tant
            et tant
                de choses

Ganz entwurzelt werd ich nicht sein

Wenn ich in dein gemäuer komme
oh Darmstadt ganz entwurzelt
    werd ich nicht sein
    NEIN!

ich lerne ja schon deutsch
jedoch

in meiner sprache
sag ich seit langem schon *Yaa*!!!
    wie deine kinder *Ja*!

in meiner sprache
sage ich auch *Toya*
    wie deine kinder *Steuer*

ich meiner sprache
auch *Lambe*
    wie deine kinder *Lampen*

in meiner sprache
    sage ich
    sage ich
    sage ich
    so viele
        und so viele
            und so viele
                sachen

            comme tes enfants disent
                        disent
                                    disent
                                    AUSSI
            tant et tant et tant
            de choses
            COMME MOI

tes parents dans mes forêts
en 1884
            Hans Dominik
            Jesko von Puttkamer
            Eduard von Knorr
            Gustav Nachtigal
            Karl Ebermaier
quand ils sont venus ([1])
m'ont germanisé
            et
            je danse COMME TOI en rond
            et je tourne COMME TOI en rond
            au son de l'accordéon
            et
                        et
                                    et
            je secoue tout mon corps
            COMME TOI
            et puis
                        et puis
                                    et puis

            j'empoigne ma belle COMME
            TOI
            dans tes danses folkloriques

1   Gouverneurs allemands du Kamerun de 1884 à 1916.

         wie deine kinder auch sagen
                sagen
                       sagen
                          EBENSO
         viele und viele und viele
         sachen
         WIE ICH

d eine eltern in meinen wäldern
im jahre 1884
         Hans Dominik
         Jesko von Puttkamer
         Eduard von Knorr
         Gustav Nachtigal
         Karl Ebermaier
als die gekommen sind (¹)
haben sie mich eingedeutscht
         und
         jetzt tanz ich WIE DU im kreis
         und drehe mich WIE DU im kreis
         zum klang der ziehharmonika
         und
                und
                       und
         ich schüttle meinen körper
         WIE DU
         und dann
                und dann
                       und dann

         greif ich mir meine hübsche
         WIE DU
         bei deinem volkstanz

---

1   Deutsche Reichskommissare in Kamerun von 1884 bis 1916.

je dis depuis longtemps déjà *Yaa* !!!
    je dis depuis longtemps déjà *Toya*
     je dis depuis longtemps déjà
     Lambe

   je dis
   je dis
   je dis

   COMME TOI
   COMME TOI
   COMME TOI
     depuis longtemps déjà
     LE SAIS-TU
     NON
     dépaysé
     je ne serai pas

Seit langem schon sage ich *Yaa*!!!
      seit langem schon sage ich *Toya*
           seit langem schon sage ich
           Lambe

    sage ich
    sage ich
    sage ich

    WIE DU
    WIE DU
    WIE DU
        seit langem schon
        WEISST DU ES
        NEIN
        ganz entwurzelt
        werd ich nicht sein

Quand je quitterai mon pays

Kudum kudum kudum kudum
Kudum kudum kudum kudum

Battez tam-tam !
Battez ! Battez fort !
    Que les ancêtres dans l'au-delà
    Viennent se joindre à nous
    Que les ancêtres bienveillants
    Vous entendent là où ils se
    trouvent
    Que les ancêtres
    Au pays des immortels
    Daignent bien nous écouter
    Oui, nous écouter
    Battez tam-tam !
    Battez ! Battez fort !

O toi lune je te demande de dégarnir totalement le ciel
    et vous nuages je vous ordonne de
    lui céder la place
    elle est avec moi
    elle sourit affectueusement
    pour ma joie
    JE M'EN VAIS

Kudum kudum kudum kudum
Kudum kudum kudum kudum

Wenn ich mein land verlasse

Kudum kudum kudum kudum
Kudum kudum kudum kudum

Schlagt Tamtam!
Schlagt! Schlagt kräftig!
    Damit die Ahnen im Jenseits
    Sich zu uns gesellen
    Damit die wohlmeinenden Ahnen
    Euch dort hören wo
    Sie gerade sind
    Damit die Ahnen
    Im Land der Unsterblichen
    Uns zuzuhören geruhen
    Ja, uns zuzuhören
    Schlagt Tamtam!
    Schlagt! Schlagt kräftig!

ach, dich mond, bitte ich, dich
völlig vom himmel zurückzuziehen
    und euch wolken, euch befehle ich
    ihm platz zu machen
    er ist mit mir
    er lächelt mich liebevoll an
    zu meiner freude
    ICH GEHE WEG

Kudum kudum kudum kudum
Kudum kudum kudum kudum

Battez tam-tam !
Battez ! Battez fort !
    Que les ancêtres dans l'au-delà
    Viennent se joindre à nous
    Que les ancêtres bienveillants
    Vous entendent là où ils se
    trouvent
    Que les ancêtres
    Au pays des immortels
    Daignent bien nous écouter
    Oui, nous écouter
    Battez tam-tam !
    Battez ! Battez fort !

Je m'en vais avec mon cœur de voyageur qui part si loin là-bas en Allemagne
    vous de mon pays vous m'avez embastillé
    vous de ma terre vous m'avez chosifié
    et puis confisqué mon porte-plume
    vous
    vous
    vous

    m'avez chassé de la bibliothèque
    m'avez proclamé BANDIT
    ô SCANDALE
    ALORS JE M'EN VAIS

Kudum kudum kudum kudum
Kudum kudum kudum kudum

Battez tam-tam !
Battez ! Battez fort !
    Que les ancêtres dans l'au-delà
    Viennent se joindre à nous

Schlagt Tamtam!
Schlagt! Schlagt kräftig!
    Damit die Ahnen im Jenseits
    Sich zu uns gesellen
    Damit die wohlmeinenden Ahnen
    Euch dort hören wo
    Sie gerade sind
    Damit die Ahnen
    Im Land der Unsterblichen
    Uns zuzuhören geruhen
    Ja, uns zuzuhören
    Schlagt Tamtam!
    Schlagt! Schlagt kräftig!

ich bin mit meinem herzen eines reisenden gekommen der so weit fort nach deutschland geht
    die aus meinem land haben mich eingelocht
    die aus meinem boden haben mich verdinglicht
    meinen federhalter haben sie beschlagnahmt

    aus der bibliothek haben sie mich verjagt
    zum BANDITEN haben sie mich erklärt
    welch SCHMACH
    ALSO GEH ICH WEG

Kudum kudum kudum kudum
Kudum kudum kudum kudum

Schlagt Tamtam!
Schlagt! Schlagt kräftig!
    Damit die Ahnen im Jenseits
    Sich zu uns gesellen

> Que les ancêtres bienveillants
> Vous entendent là où ils se
> trouvent
> Que les ancêtres
> Au pays des immortels
> Daignent bien nous écouter
> Oui, nous écouter.
> Battez tam-tam !
> Battez ! Battez fort !

là-bas ils disent que je ne suis point cela
que j'ai des choses à DIRE pour embellir
la vie
> ceux de là-bas m'ont dit
> oh toi le scribe vomi
> viens donc t'abriter ici
> ils m'ont offert un toit
> ils m'ont offert la vie
> ô JOIE
> ALORS JE M'EN VAIS

Kudum kudum kudum kudum
Kudum kudum kudum kudum

Battez tam-tam !
Battez ! Battez fort !
> Que les ancêtres dans l'au-delà
> Viennent se joindre à nous
> Que les ancêtres bienveillants
> Vous entendent là où ils se
> trouvent
> Que les ancêtres
> Au pays des immortels
> Daignent bien nous écouter
> Oui, nous écouter.

> Damit die wohlmeinenden Ahnen
> Euch dort hören wo
> Sie gerade sind
> Damit die Ahnen
> Im Land der Unsterblichen
> Uns zuzuhören geruhen
> Ja, uns zuzuhören
> Schlagt Tamtam!
> Schlagt! Schlagt kräftig!

dort sagen sie ich bin das doch nicht
dass ich was zu SAGEN habe
was das leben verschönt
> die von dort haben zu mir gesagt
> ach du bespuckter schreiber
> komm doch her zum unterschlupf
> sie haben mir ein dach geschenkt
> sie haben mir das leben geschenkt
> oh FREUDE
> ALSO GEH ICH WEG

Kudum kudum kudum kudum
Kudum kudum kudum kudum

Schlagt Tamtam!
Schlagt! Schlagt kräftig!
> Damit die Ahnen im Jenseits
> Sich zu uns gesellen
> Damit die wohlmeinenden Ahnen
> Euch dort hören wo
> Sie gerade sind
> Damit die Ahnen
> Im Land der Unsterblichen
> Uns zuzuhören geruhen
> Ja, uns zuzuhören

Battez tam-tam !
Battez ! Battez fort !

tu as encore beaucoup de choses à DIRE
tu as encore énormément de choses à
ECRIRE viens DIRE et ECRIRE ici
    EN ALLEMAGNE
        nous te protégerons
        nous te garderons
        nous de pouponnerons
        nous veillerons sur toi
        il ne t'arrivera rien ICI

Kudum kudum kudum kudum
Kudum kudum kudum kudum

Battez tam-tam !
Battez ! Battez fort !
    Que les ancêtres dans l'au-delà
    Viennent se joindre à nous
    Que les ancêtres bienveillants
    Vous entendent là où ils se
    trouvent
    Que les ancêtres
    Au pays des immortels
    Daignent bien nous écouter
    Oui, nous écouter
    Battez tam-tam !
    Battez ! Battez fort !

    ALORS DE TOUTE LA FORCE
    DE MES POUMONS EPLORES
    JE VOUS DIS
    OUI JE M'EN VAIS

Schlagt Tamtam!
Schlagt! Schlagt kräftig!

du hast noch viel zu SAGEN
du hast noch ganz viel zu SCHREIBEN
komm zum SAGEN und SCHREIBEN hier her
NACH DEUTSCHLAND
wir werden dich beschützen
wir werden dich behüten
wir werden dich hätscheln
wir werden auf dich aufpassen
HIER wird dir nichts geschehen

Kudum kudum kudum kudum
Kudum kudum kudum kudum

Schlagt Tamtam!
Schlagt! Schlagt kräftig!
Damit die Ahnen im Jenseits
Sich zu uns gesellen
Damit die wohlmeinenden Ahnen
Euch dort hören wo
Sie gerade sind
Damit die Ahnen
Im Land der Unsterblichen
Uns zuzuhören geruhen
Ja, uns zuzuhören
Schlagt Tamtam!
Schlagt! Schlagt kräftig!

MIT DER GANZEN KRAFT MEINES
VON TRÄNEN ERMATTETEN ATEMS
SAGE ICH EUCH ALSO
JA ICH GEHE WEG

Et quand de toi je rentrerai

et quand de toi je rentrerai
Darmstadt
    et que je serai gavé de
    ton amitié
    je viendrai célébrer
    des noces nouvelles
    entre moi homme de forêt
    et toi Prussienne

et quand de toi je rentrerai
Darmstadt
    et que je serai gavé
    de ton amour infini
    je viendrai proclamer
    une éternelle alliance
    entre Kamerunstadt
    et Deutschstadt

    et quand de toi je rentrerai
    Darmstadt
    et que je serai repu de
    ta fraternité
    debout au vent
    sur la place publique
    je me placerai
    et dirai aux gens
je vous apporte le parfum
des entrailles de
cette ville
j'y ai vécu

Und wenn von dir ich zurückkehre

Und wenn von dir ich zurückkehre
Darmstadt
    und ich prall bin
    von deiner freundschaft
    werde ich ein neues
    hochzeitsfest feiern kommen
    zwischen mir mann des waldes
    und dir der Preußin

Und wenn von dir ich zurückkehre
Darmstadt
    und ich voll bin
    von deiner unendlichen liebe
    werde ich einen ewigen
    bund ausrufen kommen
    zwischen Kamerunstadt
    und Deutschstadt

    und wenn von dir ich zurückkehre
    Darmstadt
    und ich gesättigt bin
    von deiner brüderlichkeit
    aufrecht im wind
    auf den öffentlichen platz
    werde ich mich stellen
    und den leuten sagen
ich bringe euch den duft
des schoßes
dieser stadt
ich habe dort gelebt

les dames
les hommes
les gosses
les adultes
les jeunes
les moins jeunes

y sont
merveilleux

alors
tout comme il y a Francfort
sur le Mein
je baptiserai mon village
Vienne
Karlsruhe
Darmstadt sur Nyazo'o

die damen
die herren
die balge
die erwachsenen
die jungen
die weniger jungen

sind dort
wunderbar

deshalb werde ich
wie es ja auch Frankfurt am Main
heißt
mein dorf umbenennen in
Wien
Karlsruhe
Darmstadt am Nyazo'o

Toi qui m'as maltraité

Vois-tu
toi le juge qui m'a condamné
INJUSTEMENT
Pan ! ton martelet sur ton pupitre
tu as frappé
Enoh ! debout ! la Cour ! bla-bla-bla
7 ans de suite tu seras
privé de vie !
       ténèbres tu t'étais abattue
       sur mes yeux

Savais-tu
que tu m'anoblissais

Vois-tu
toi le policier qui m'a menotté
EN RICANANT
Clic-clac !
tu avais verrouillé cruellement
tes tenailles sur mes poignets
       et HUMILIATION
       tu avais enveloppé
       mon être

Savais-tu
       que tu me grandissais
et toi
bien sûr
oh ! comment t'oublier !

Du der mich misshandelt hat

Siehst du jetzt
richter der mich verurteilt hat
ZU UNRECHT
Bumm! mit deinem hämmerchen aufs pult
hast du geschlagen
Enoh! aufgestanden! in den hof! bla-bla-bla
7 jahre durchgehend wirst du
deines lebens beraubt!
      finsternis du hattest dich
        mir auf die augen geschlagen

Wusstest du
dass du mich so adeltest

Siehst du jetzt
polizist der mir die handschellen anlegte
DABEI HÄMISCH GRINSEND
Klick-klack !
du hattest grausam deine
beißzangen an meinen handgelenken verriegelt
      und welch SCHMACH
        du hattest mein dasein
        mit eingewickelt

Wusstest du
      dass du mich so größer gemacht hast
und du
na klar
oh! wie könnte ich dich vergessen!

le geôlier qui a fouillé
    fouillé
    fouillé
    fouillé
    fouillé
    mon sac
    mes poches
    mon pantalon
    ma chemise
    ma veste
    mes chaussures
    mes chaussettes
    tout mon corps
    jusqu'aux parties intimes
    en me regardant dans les yeux
    savais-tu qu'à la terre entière
    tu me désignais

    à présent
        pauvre mec

    je ne suis plus Enoh du Cameroun
    je ne suis plus ce taulard qu'hier
    tu méprisas

    NON
        je ne suis plus ce vaurien
        que tu décrétas

    je suis devenu
        l'écrivain persécuté
        par un régime tyrannique
        une démocratie de façade
        et qui vocifère à la terre
        entière

der wärter der durchwühlte
    durchwühlte
    durchwühlte
    durchwühlte
    durchwühlte
    meinen sack
    meine taschen
    meine hose
    mein hemd
    meine weste
    meine schuhe
    meine socken
    meinen ganzen körper
    bis in den intimbereich
    mir dabei in die augen sah
    wusstest du dass du mich so der ganzen welt
    kenntlich machtest

jetzt
    du armseliger tropf

bin ich nicht mehr Enoh aus Kamerun
bin ich nicht mehr der knastbruder den gestern
du verachtetest

NEIN
    ich bin nicht mehr dieser taugenichts
    den du rumkommandiertest

jetzt bin ich
    der von einer tyrannis
    einer fassadendemokratie
    verfolgte schriftsteller
    welcher aller welt
    inbrünstig kundtut

avec son stylo
que tu n'as pu briser
la barbarie
qui habite ton cœur

mit seinem stift
den du nicht brechen konntest
die barbarei
die deinem herzen innewohnt

Je remercie mon Dieu

je remercie mon Dieu
d'avoir été
    à Kondengui
    je remercie mon Dieu
    d'avoir été embastillé

la prison n'est pas la fin du monde
la prison n'est pas la fin de l'âme
la prison n'est pas la fin de l'être
la prison n'est pas la fin de la vie
ELLE EST RENAISSANCE

moi le poète
j'y ai puisé des idées nouvelles
j'y ai puisé des œuvres nouvelles
j'y ai puisé une écriture nouvelle
j'y ai puisé une plume nouvelle
j'y ai puisé une vie nouvelle
j'y ai puisé une nouvelle âme

je remercie mon Dieu
d'avoir été
    à Kondengui
    je remercie mon Dieu
    d'avoir été embastillé

mon nom a retenti sur la terre entière
il a réveillé les gens tel le chant du coq le matin
sur la cour du village
qui troue le silence de la nuit

Ich danke meinem Gott

ich danke meinem Gott
dass ich
      in Kondengui gesessen
      ich danke meinem Gott
      dass eingelocht ich war

der knast ist nicht das weltenende
der knast ist nicht das seelenende
der knast ist nicht das daseinsende
der knast ist nicht das lebensende
ER IST DIE WIEDERGEBURT

ich der dichter
ich habe dort mir neue ideen herausgeschürft
ich habe dort mir neue werke herausgeschürft
ich habe dort mir einen neuen schreibstil herausgeschürft
ich habe dort mir eine neue feder herausgeschürft
ich habe dort mir ein neues leben herausgeschürft
ich habe dort mir eine neue seele herausgeschürft

ich danke meinem Gott
dass ich
      in Kondengui gesessen
      ich danke meinem Gott
      dass eingelocht ich war

mein name erschallte auf der ganzen erde
erweckte die leute gleich dem hahnengesang
auf dem dorfhof am morgen
der die stille der nacht durchsticht

et mon être et ma face et mes cheveux et mes lunettes et
mes oreilles et mes joues et et et et ont parcouru le monde
depuis le fond de ma geôle
    ô Dieu !
    ces gens n'y avaient pas pensé

je remercie mon Dieu
d'avoir été
    à Kondengui
    je remercie mon Dieu
    d'avoir été embastillé

la prison n'est pas la fin du monde
la prison n'est pas la fin de l'âme
la prison n'est pas la fin de l'être
la prison n'est pas la fin de la vie
ELLE EST RENAISSANCE

je recevais des lettres de la terre entière
je recevais des amitiés de la planète entière
Enoh-tu-n'-es-pas-seul
Enoh-nous-sommes-avec-toi
Enoh-tu-es-un-héros
Enoh
Enoh
Enoh
Enoh
    mon nom retentissait
    aux quatre coins de la terre

le régisseur de la prison s'en fâchait
le régisseur de la prison m'en grondait
le régisseur de la prison en pestait

und mein sein und mein gesicht und meine haare und
meine brille und meine ohren und meine wangen und und
und durchwanderten die welt von meinem kerker aus
     oh Gott!
     das hatten diese leute nicht bedacht

ich danke meinem Gott
dass ich
     in Kondengui gesessen
     ich danke meinem Gott
     dass eingelocht ich war

der knast ist nicht das weltenende
der knast ist nicht das seelenende
der knast ist nicht das daseinsende
der knast ist nicht das lebensende
ER IST DIE WIEDERGEBURT

ich erhielt briefe aus der ganzen welt
ich erhielt freundschaftsgrüße aus dem ganzen planeten
Enoh-du-bist-nicht-allein
Enoh-wir-sind-mit-dir
Enoh-du-bist-ein-held
Enoh
Enoh
Enoh
Enoh
     mein name erschallte
     an allen ecken und enden der erde

der gefängnisverwalter wurde deshalb böse
der gefängnisverwalter wies mich deshalb zurecht
der gefängnisverwalter schimpfte deshalb giftig

mais les lettres venaient
mais les lettres venaient
mais les lettres venaient
mais les lettres venaient
mais les lettres venaient
mais les lettres venaient
mais les lettres venaient

    et je les lisais
    et je les lisais
    et je les lisais
    et je les lisais
    et je les lisais
    et je les lisais

elles venaient
elles venaient
elles venaient
elles venaient
elles venaient
elles venaient

    je les lisais
    je les lisais
    je les lisais
    je les lisais
    je les lisais

et le régisseur se fâchait
se fâchait
se fâchait
se fâchait
se fâchait

    et je les lisais
    et je les lisais

doch die briefe kamen
doch die briefe kamen
doch die briefe kamen
doch die briefe kamen
doch die briefe kamen
doch die briefe kamen
doch die briefe kamen

      und ich las sie
      und ich las sie
      und ich las sie
      und ich las sie
      und ich las sie
      und ich las sie
sie kamen
sie kamen
sie kamen
sie kamen
sie kamen
sie kamen

      ich las sie
      ich las sie
      ich las sie
      ich las sie
      ich las sie

und der gefängnisverwalter wurde böse
wurde böse
wurde böse
wurde böse
wurde böse

      und ich las sie
      und ich las sie

   et je les lisais
   et je les lisais
   et je les lisais
   et je les lisais

je n'en ai jamais autant reçues
de toute ma vie
mon nom claironnait aux oreilles du
monde mon nom gambadait gaiement
de pays en pays
il enjambait insolemment les frontières
les océans et les continents
mon nom
   mon nom
      mon nom
        réveillait
          les justes

Oh vous qui m'écriviez
oh vous qui me souteniez
oh vous qui en vie me mainteniez
  JE VOUS DIS MERCI

et le régisseur se fâchait
   se fâchait
se fâchait
   se fâchait
   se fâchait

et m'a chassé de la salle informatique

   mais les lettres venaient
   mais les lettres venaient
   mais les lettres venaient
   mais les lettres venaient

     und ich las sie
     und ich las sie
     und ich las sie
     und ich las sie

noch nie hab ich so viele bekommen
mein ganzes leben nicht
mein name erdröhnte in den ohren
der welt mein name hüpfte heiter
von land zu land
nahm keck die grenzen in forschem schritt
die ozeane und kontinente
mein name
     mein name
          mein name
               erweckte
                    die gerechten

Oh ihr die ihr mir schriebt
oh ihr die ihr mich unterstütztet
oh ihr die ihr mich am leben hieltet
    ICH SAGE EUCH DANKE

Und der gefängnisverwalter wurde böse
     wurde böse
wurde böse
     wurde böse
     wurde böse

Und verjagte mich aus dem computerraum

     doch die briefe kamen
     doch die briefe kamen
     doch die briefe kamen
     doch die briefe kamen

mais les lettres venaient
mais les lettres venaient
mais les lettres venaient

toi-Enoh
mon-nom-tu-as-propagé-sur
la-terre-entière
écris-à-tes-gens
dis-leur-que-je-ne-te-maltraite-pas
que-tu-es-bien-traité-ici-à-Kondengui
demain-tu-retournes-à-la-salle
informatique-t-as-compris

et les lettres venaient
elles venaient
elles venaient
elles venaient
elles venaient
elles venaient
elles venaient

    et je les lisais
    je les lisais
    je les lisais
    je les lisais
    je les lisais

je remercie mon Dieu
d'avoir été
    à Kondengui
    je remercie mon Dieu
    d'avoir été embastillé

la prison n'est pas la fin du monde
la prison n'est pas la fin de l'âme

doch die briefe kamen
doch die briefe kamen
doch die briefe kamen

du-Enoh
meinen-namen-hast-du-verbreitet
auf-der-ganzen-welt
schreib-doch-mal-deinen-leuten
sag-ihnen-dass-ich-dich-nicht-misshandle
dass-du-es-gut-hast-hier-in-Kondengui
morgen-darfst-du-dann-auch-wieder
in-den-computerraum-alles-klar

und die briefe kamen
sie kamen
sie kamen
sie kamen
sie kamen
sie kamen
sie kamen

    und ich las sie
    ich las sie
    ich las sie
    ich las sie
    ich las sie

ich danke meinem Gott
dass ich
    in Kondengui gesessen
    ich danke meinem Gott
    dass eingelocht ich war

der knast ist nicht das weltenende
der knast ist nicht das seelenende

la prison n'est pas la fin de l'être
la prison n'est pas la fin de la vie
ELLE EST RENAISSANCE

Voici
      adulé je suis à
      Vienne à Graz à Fresach à
      Karlsruhe et bien sûr à
      DARMSTADT
      oui
          à
      DARMSTADT
      ô ville bien-aimée
      toi qui m'a offert ton toit
      une table du papier et des stylos
      pour écrire autant que je le désire

      et toi Herr Erhard Löcker
      qui m'as ouvert ta maison
      d'édition
      et publie désormais mes graffiti
      et toi Herr Sascha et toi
      Herr Jürgen
      ET VOUS TOUS MES AMIS
      sans le cœur cruel de ces gens
      vous aurai-je connus

je vous dis
ô vous mes persécuteurs
la prison n'est pas la fin du monde
ELLE EST RENAISSANCE

je remercie mon Dieu
d'avoir été
      à Kondengui

der knast ist nicht das daseinsende
der knast ist nicht das lebensende
ER IST DIE WIEDERGEBURT

fortan
    verehrt werde ich in
    Wien in Graz in Fresach in
    Karlsruhe und gewiss in
    DARMSTADT
    ja
        in
        DARMSTADT
oh vielgeliebte stadt
die mir ein dach geschenkt
einen tisch papier und füllfedern
zum schreiben so viel ich will

und du Herr Erhard Löcker
der du dein verlagshaus mir
geöffnet
und nunmehr meine kritzeleien publizierst
und du Herr Sascha und du
Herr Jürgen
UND ALL IHR MEINE FREUNDE
ohne das grausame herz dieser leute
wie hätt ich euch gekannt

ich sage euch
oh euch meinen verfolgern
der knast ist nicht das weltenende
ER IST DIE WIEDERGEBURT

ich danke meinem Gott
dass ich
    in Kondengui gesessen

je remercie mon Dieu
d'avoir été embastillé
par vous

D<small>ESORMAIS</small>
    en Allemagne
    en Autriche
    en Australie
    en Amérique
    en Angleterre
    au Canada
    sur la terre entière
    et loin de vous
    les gens
    me témoignent
    leur amour infini

ich danke meinem Gott
dass eingelocht ich war
von euch

Fortan
bezeugen mir
die leute
in Deutschland
in Österreich
in Australien
in Amerika
in England
in Kanada
auf der ganzen welt
weitab von euch
ihre unendliche liebe

Salut à toi

    salut à toi
    du fond de mon cœur
        toi qui prends
        le temps de lire
        mes gribouillis
            salut à toi

    salut à toi
    du fond de mon âme
        toi qui ton précieux
        temps gaspilles à déchiffrer
        mes graffiti
            salut à toi

    salut à toi
    du fond de mon être
        toi qui tes précieux
        moments tu dilapides
        à deviner
        mon charabia
            salut à toi

moi je n'écris pas comme les gens
de chez toi en Allemagne en Autriche
    je n'écris pas comme
    Günter Grass
    je n'écris pas comme
        Bernhard Schlink
            je n'écris pas comme
            Arnold Stadler

Heil dir

    heil dir
    vom grunde meines herzens
        dir der du dir
        die zeit nimmst
        mein gekritzel zu lesen
            heil dir

    heil dir
    vom grunde meiner seele
        dir der du deine
        wertvolle zeit vergeudest
        meine kritzeleien zu entziffern
            heil dir

    heil dir
    vom grunde meines seins
        dir der du deine
        wertvollen momente verschleuderst
        mein kauderwelsch
        zu erraten
            heil dir

ich schreibe nämlich nicht wie die leute
bei dir in Deutschland in Österreich
        ich schreibe nicht wie
        Günter Grass
    ich schreibe nicht wie
        Bernhard Schlink
            ich schreibe nicht wie
                Arnold Stadler

                je n'écris pas comme
                        Ralf Rothmann
                                je n'écris pas comme
                                        Jan Zweyer
                        je n'écris pas
                                je n'écris pas
                                        je n'écris pas
                                                comme eux
                                        NON

j'écris comme les gens
de chez moi au Cameroun en Afrique
                je fais danser mes mots
                je fais danser mes vers
                je fais danser mes strophes
                au rythme de mon pays

les paroles sous ma plume
ricanent aux larmes
et les phrases sous mes doigts
                sautillent
                sautillent
                sautillent
                et puis
                et puis
                et puis

                elles se mettent à beugler
                sans convenance
                comme le piroguier
                au bord de l'océan
                sur la plage de Ngoye
                à Kribi

                C'EST MON AFRICANITE

        ich schreibe nicht wie
            Ralf Rothmann
                ich schreibe nicht wie
                    Jan Zweyer
      ich schreibe nicht
          ich schreibe nicht
              ich schreibe nicht
                wie sie
                  NEIN

ich schreibe wie die leute
bei mir daheim in Kamerun in Afrika
    ich lasse meine wörter tanzen
    ich lasse meine verse tanzen
    ich lasse meine strophen tanzen
    im rhythmus meines landes

die worte unter meiner feder
lachen tränen
die sätze unter meinen fingern
    hüpfen
    hüpfen
    hüpfen
    aber dann
    aber dann
    aber dann

    beginnen sie zu grölen
    ohne anstand und benimm
    wie der bootsmann im einbaum
    am rande des ozeans
    am strand von Ngoye
    in Kribi

    DAS IST MEINE AFRIKANITÄT

moi je n'écris pas comme les gens
de chez toi en Allemagne en Autriche

        ma plume tend l'oreille à
        la forêt profonde pour entendre
        le chant ancestral des gorilles
        qui tapent gaiement sur
        leurs poitrines quand ils ont bu
        et poussent des cris terrifiants

ma plume se soûle du
chant des toucans multicolores là-haut
sur les baobabs perchés
et du ricanement des éperviers
d'Afrique qui sur les poussins
se jettent en un vol époustouflant
sur la cour du village

ma plume ressemble
à mon tam-tam que je bats
pour faire dandiner les gens
et leurs pieds
et leurs mains
et leurs torses
et leurs têtes
et leurs joues
        quand en joie
        est mon cœur

ich schreibe nämlich nicht wie die leute
bei dir in Deutschland in Österreich

    meine feder spitzt ihr ohr
    in den tiefen wald hinein um dort
    den urgesang der gorillas zu hören
    die fröhlich auf die brust sich klopfen
    wenn sie getrunken haben
    und schreckerregende schreie ausstoßen

meine feder besäuft sich
am gesang der bunten tukane die es sich da oben
auf den affenbrotbäumen gemütlich machen
und am spottgelächter der afrikanischen sperber
die in atemberaubendem flug
sich auf die küken stürzen
im dorfhof

meine feder sieht
meinem tamtam ähnlich den ich schlage
um die leute zum mithopsen zu bringen
und ihre füße
und ihre hände
und ihre rümpfe
und ihre köpfe
und ihre wangen
    wenn voller freude
    mein herz ist

Oh
moi je n'écris pas comme vous
pas du tout
      je fais danser mes mots
      je fais danser mes lignes
      je fais danser mes vers
      au rythme de chez moi

      C'EST MON AFRICANITE

Oh
ich schreibe nämlich nicht wie ihr
ganz und gar nicht
    ich lasse meine wörter tanzen
    ich lasse meine zeilen tanzen
    ich lasse meine verse tanzen
    im rhythmus von bei mir daheim

    DAS IST MEINE AFRIKANITÄT

II

Mon grand-père …

il s'appelait Eduard
et parlait allemand
il chantait dans la langue
        de Goethe
           quand à l'église
           les autres chantaient
           en français

il était diplômé en allemand
était né en 1888 1889 1890 …
je ne sais pas
        il rêvait de venir
        à Berlin
        comme d'autres
        l'avaient fait

mais
        en 1916
        la vie avait changé
        alors
           alors
              alors
                il ne pouvait plus

mais de toi Berlin
mais de toi Hambourg
mais de toi Francfort
mais de toi Brême
mais de toi Leipzig
mais de toi

Mein großvater ...

er hieß Eduard
und sprach deutsch
er sang in der sprache
    Goethes
      wenn die anderen
      in der kirche
      französisch sangen

er hatte ein deutschdiplom
war geboren 1888 1889 1890 ...
ich weiß nicht
    er träumte davon
    nach Berlin
    zu kommen wie andere
    es auch schon getan hatten

doch
    1916
    hatte das leben sich geändert
    also
      also
        also
        konnte er nicht mehr

doch von dir Berlin
doch von dir Hamburg
doch von dir Frankfurt
doch von dir Bremen
doch von dir Leipzig
doch von dir

mais de toi
mais de toi
      ALLEMAGNE
il avait continué à rêver
comme oncle Hermann
comme oncle Hans
comme oncle Adolf
comme oncle Fritz
comme tante Angela
comme tante Rosa
comme tante Minna
comme d'innombrables gens
      de mon pays
      qui en allemand
      continuaient à s'exclamer
      Mein Gott !
      en souvenir du temps passé

il me disait
ah-fiston-tu-n-as-pas-connu
les-Allemands-c-étaient-de-vrais-gens
s-ils-étaient-restés-le-Kamerun-serait-
différent-crois-moi

il s'appelait Eduard
mon grand-père
et parlait allemand
jusqu'à sa mort
et chantait dans la langue
      de Goethe
      quand à l'église
      les autres chantaient
      en français

doch von dir
doch von dir
      DEUTSCHLAND
träumte er immer noch
genauso wie onkel Hermann
genauso wie onkel Hans
genauso wie onkel Adolf
genauso wie onkel Fritz
genauso wie tante Angela
genauso wie tante Rosa
genauso wie tante Minna
genauso wie zahllose leute
    meines landes
    die immer noch
    auf deutsch ausriefen
    Mein Gott!
    in erinnerung an die vergangene zeit

er sagte mir
ach-enkelsohn-du-hast-sie-nicht-gekannt
die-Deutschen-das-waren-richtige-leute
wenn-die-dageblieben-wären-wär-Kamerun-heute
ganz-anders-glaub-mir

er hieß Eduard
mein großvater
und sprach deutsch
bis zu seinem tod
und sang in der sprache
    Goethes
      wenn die anderen
    in der kirche
      französisch sangen

même comme en 1916
il était devenu François
et avait cessé d'être
    Eduard

selbst als er 1916
Franzose geworden
und kein Eduard
    mehr war

Kamerunstadt

je te dois beaucoup
    ô toi
    Allemagne
    je te dois beaucoup

quand toi et moi
au commencement
    nous sommes mariés
    Kamerunstadt
    tu m'as baptisé
    c'était en 1884

je te dois beaucoup
    ô toi
    Allemagne
    je te dois beaucoup

je m'appelais Bonanjo
je m'appelais Bonandoumbé
je m'appelais Bonapriso
je m'appelais Bonasama
    parlons dans ta langue
    les enfants de Njo
    les enfants de Ndoumbé
    les enfants de Priso
    les enfants de Sama
tel était
    mon nom
        il était pluriel

Kamerunstadt

ich verdanke dir viel
       oh du
       Deutschland
       ich verdanke dir viel

als du und ich
am anfang
       geheiratet haben
       Kamerunstadt
       hast du mich da getauft
       das war 1884

ich verdanke dir viel
       oh du
       Deutschland
       ich verdanke dir viel

ich hieß Bonanjo
ich hieß Bonandoumbé
ich hieß Bonapriso
ich hieß Bonasama
       aber reden wir in deiner sprache
       die kinder von Njo
       die kinder von Ndoumbé
       die kinder von Priso
       die kinder von Sama
so hieß
       mein name
           er war mehrzahl

je te dois beaucoup
> ô toi
> Allemagne
> je te dois beaucoup

je m'appelais aussi Bali
je m'appelais aussi Deido
je m'appelais aussi Akwa
je m'appelais
> je m'appelais
>> je m'appelais
>>> des noms de mes
>>> nombreux villages

je t'ai dit
> il était
>> pluriel
>>> mon nom

mais toi
> KAMERUNSTADT
> tu m'as proclamé
> et mon nom
>> EST VENU AU MONDE
>> TEL UN BEBE

je te dois beaucoup
> ô toi
> Allemagne
> je te dois beaucoup

>> ils ne le savent pas
>> ils ne le savent plus
>> les miens

ich verdanke dir viel
    oh du
    Deutschland
    ich verdanke dir viel

ich hieß auch Bali
ich hieß auch Deido
ich hieß auch Akwa
ich hieß
    ich hieß
        ich hieß
            die namen meiner
            vielen dörfer
ich sagte dir ja schon
    er war
        mehrzahl
            mein name
doch du
    KAMERUNSTADT
    du hast mich verkündet
    und so kam mein name
    AUF DIE WELT
    WIE EIN BABY

ich verdanke dir viel
    oh du
    Deutschland
    ich verdanke dir viel

    sie wissen es nicht
    sie wissen es nicht mehr
    die meinen

    et toi
    AUSSI
    TU NE LE SAIS PLUS

ils ont tous disparu
et les tiens
    et les miens
    qui le savaient

MAIS

    moi le poète

JE LE SAIS
    ENCORE
      et le raconterai
      jusqu'à mon dernier
            SOUF
              FLE

    und du
    AUCH
    DU WEISST ES NICHT MEHR

Sie sind alle fort
sowohl die deinen
    als auch die meinen
    die es wissen

DOCH

    ich der dichter

    ICH WEISS ES
      NOCH
      und davon künden werde ich
      bis zum letzten
           ATEM
             ZUG

Schutztruppen

ils avaient résisté héroïquement
mes grands-parents
      incorporés dans les
      Schutztruppen
      héroïquement
      ils l'avaient fait

ils avaient défendu mon pays
face aux envahisseurs
      franco-anglais
      héroïquement
      ils l'avaient fait

ils avaient défendu Yaoundé
des mois durant
      héroïquement
      ils l'avaient fait

ils étaient 3000
oui trois mille en armes
héroïquement
ils l'avaient fait

la foi était leurs fusils
la liberté leur arme
et l'allemand
      leur langue officielle
      ils n'en voulaient aucune autre
ils avaient résisté héroïquement
mes parents

Schutztruppen

Sie hatten heldenhaft widerstanden
meine großeltern
      einberufen in die
      Schutztruppen
      heldenhaft
      hatten sie es getan

Sie hatten mein land verteidigt
gegen die eindringlinge
franzosen und engländer
heldenhaft
hatten sie es getan

Sie hatten Yaoundé verteidigt
monate lang
      heldenhaft
      hatten sie es getan

Sie waren 3000
ja dreitausend unter waffen
heldenhaft
hatten sie es getan

der glaube war ihre gewehre
die freiheit ihre waffe
und deutsch
      ihre amtssprache
      keine andere wollten sie
sie hatten heldenhaft widerstanden
meine verwandten

>>> incorporés dans les
>>> Schutztruppen
>>> héroïquement
>>> ils l'avaient fait

et
>> quand ils ont été vaincus
>> et les armes ils ont définitivement
>> déposées à Mora dans le nord
>> de mon pays
>> le 20 février 1916

ô Dieu
>> ils ont eu la peau tannée
>> pour avoir défendu
>> leur germanité

et leurs noms ont changé
Hans tu es devenu Jean
Karl tu es devenu Charles
Fritz tu es devenu Frédéric

je dis
ils avaient résisté héroïquement
mes grands-parents
>> incorporés dans les
>> Schutztruppen
>> héroïquement
>> ils l'avaient fait

    einberufen in die
    Schutztruppen
    heldenhaft
    hatten sie es getan
und
    als sie geschlagen wurden
    und ihre waffen endgültig
    niederlegten in Mora im norden
    meines landes
    am 20. Februar 1916
oh Gott
    da wurde ihnen die haut gegerbt
    wegen der verteidigung
    ihres germanentums

Und ihre namen änderten sich
Hans aus dir wurde Jean
Karl aus dir wurde Charles
Fritz aus dir wurde Frédéric

ich sage aber
sie hatten heldenhaft widerstanden
meine großeltern
    einberufen in die
    Schutztruppen
    heldenhaft
    hatten sie es getan

S'ils n'étaient pas venus

je me nommerais sans doute Ludwig
je me nommerais sans doute Lukas
je me nommerais sans doute Erwin
je me nommerais sans doute Hermann
je me nommerais sans doute Wolfgang
je me nommerais sans doute Claus
    S'ILS N'ETAIENT PAS VENUS

je ne saluerais pas les gens
en leur disant
    Bonjour Monsieur
je ne saluerais pas les gens
en leur disant
    Bonjour Madame
je ne saluerais pas les gens
en leur disant
    Bonsoir Monsieur
je ne saluerais pas les gens en leur disant
    Bonsoir Madame
    S'ILS N'ETAIENT PAS VENUS

je t'appellerais Hannelore
je t'appellerais Angelika
je t'appellerais Ivonne
je t'appellerais Erna
je t'appellerais Irmgard
je t'appellerais Roswitha
je t'appellerais Minna
    ma belle
    S'ILS N'ETAIENT PAS VENUS

Wenn nicht sie gekommen wären

ich hieße bestimmt Ludwig
ich hieße bestimmt Lukas
ich hieße bestimmt Erwin
ich hieße bestimmt Hermann
ich hieße bestimmt Wolfgang
ich hieße bestimmt Claus
    WENN NICHT SIE GEKOMMEN WÄREN

ich würde nicht die leute
grüßen mit
    Bonjour Monsieur
ich würde nicht die leute
grüßen mit
    Bonjour Madame
ich würde nicht die leute
grüßen mit
    Bonsoir Monsieur
ich würde nicht die leute grüßen mit
    Bonsoir Madame
    WENN NICHT SIE GEKOMMEN WÄREN

ich riefe dich Hannelore
ich riefe dich Angelika
ich riefe dich Ivonne
ich riefe dich Erna
ich riefe dich Irmgard
ich riefe dich Roswitha
ich riefe dich Minna
    meine schöne
    WENN NICHT SIE GEKOMMEN WÄREN

j'aurais fait mon université à Hambourg
j'aurais fait mon université à Francfort
j'aurais fait mon université à Cologne
j'aurais fait mon université à Bonn
    S'ILS N'ETAIENT PAS VENUS

j'aurais connu la Porte de Brandebourg
j'aurais connu le Berliner Dom
j'aurais connu la Potsdamer Platz
j'aurais connu l'Alexander Platz
    S'ILS N'ETAIENT PAS VENUS

Non ! pas l'Arc de Triomphe
Non ! pas la Place de la Concorde
Non ! pas la Tour Effel
Non ! pas Montparnasse
    S'ILS N'ETAIENT PAS VENUS

et
toi mon village
    tu ne te nommerais
        sans doute pas *Nyazo'o*
    tout court
        mais *Nyazo'odorf*

    S'ILS N'ETAIENT PAS VENUS

MAIS
    ILSONT VENUS
    en 1914

et toi
    ma bouche
        tu t'es mis à parler
        FRANÇAIS

meine uni hätte ich in Hamburg gemacht
meine uni hätte ich in Frankfurt gemacht
meine uni hätte ich in Köln gemacht
meine uni hätte ich in Bonn gemacht
     WENN NICHT SIE GEKOMMEN WÄREN

ich hätte das Brandenburger Tor gekannt
ich hätte den Berliner Dom gekannt
ich hätte den Potsdamer Platz gekannt
ich hätte den Alexanderplatz gekannt
     WENN NICHT SIE GEKOMMEN WÄREN

Nein! nicht den Triumphbogen
Nein! nicht den Concorde-Platz
Nein! nicht den Eiffelturm
Nein! nicht Montparnasse
     WENN NICHT SIE GEKOMMEN WÄREN

Und
du mein dorf
    hießest ganz gewiss
        nicht *Nyazo'o*
    ganz kurz
        sondern *Nyazo'odorf*

    WENN NICHT SIE GEKOMMEN WÄREN

ABER
   1914
   SIND SIE GEKOMMEN

Und du
   mein mund
      hast zu parlieren begonnen
        FRANZÖSISCH

La visite de Lübke au Kamerun

Herr Lübke
  je t'avais vu

le soleil souriait joliment au firmament
le vent du matin me léchait tendrement
  le visage

et mon cœur de gamin
de joie palpitait

Herr Lübke
  je t'avais vu
  avec mes petits yeux

je tenais un petit drapeau
  VERT
   ROUGE
    JAUNE
    à la main gauche

je tenais un petit drapeau
  NOIR
   ROUGE
    JAUNE
    à la main droite
et au sifflet strident du maître d'école
nous croisions et décroisions les deux
drapeaux par milliers et
MARIONS GAIEMENT
LES DEUX COULEURS JAUNES

Lübkes Besuch in Kamerun

Herr Lübke
    ich hab dich gesehn

die sonne lächelte hübsch am himmelszelt
der morgenwind leckte mir zärtlich
    das gesicht

und mein knabenherz
hüpfte vor freude

Herr Lübke
    ich hab dich gesehn
    mit meinen kleinen äuglein

ich hielt ein kleines fähnchen
    GRÜN
      ROT
        GELB
    in der linken hand

ich hielt ein kleines fähnchen
    SCHWARZ
      ROT
        GELB
    in der rechten hand
und auf den gellenden pfiff des schulmeisters
kreuzten und entkreuzten wir die zwei
fähnchen zu tausenden und
SCHLOSSEN FRÖHLICH DEN BUND
DER BEIDEN GELBTÖNE

Herr Lübke
    je t'avais vu
    sous le soleil de mon pays

        la police contenait la foule
        les balafons résonnaient fortement
        les tam-tams battaient en chœur
        ils vomissaient des sons magiques
        les danseurs
            et leurs visages
                masqués
                    et des clochettes
                        aux tibias
    se trémoussaient
    se trémoussaient
    se trémoussaient
    se trémoussaient
    se trémoussaient
    se trémoussaient
    se trémoussaient
    se trémoussaient
        SANS SE FATIGUER
        au soleil du matin
        comme s'ils n'allaient plus
            danser
            demain

Herr Lübke
    je t'avais vu
        à Jaunde
            c'était
                en 1964

Herr Lübke
>	ich hab dich gesehn
>	unter der sonne meines landes

>	die polizei hielt die menge zurück
>	die marimbas erklangen laut
>	die tamtams schlugen im chor
>	sie spien zauberhafte töne aus
>	die tänzer
>>		und ihre gesichter
>>>			maskiert
>>>>				und die glöckchen
>>>>>					an den waden
>	überschlugen sich
>	überschlugen sich
>	überschlugen sich
>	überschlugen sich
>	überschlugen sich
>	überschlugen sich
>	überschlugen sich
>	überschlugen sich
>>		OHNE ZU ERMÜDEN
>	in der sonne am morgen
>	als würden sie morgen nicht
>>		mehr
>>		tanzen

Herr Lübke
>	ich hab dich gesehn
>>		in Jaunde
>>>			das war
>>>>				1964

et
quand toi mon dos
voûté tu seras
et toi ma main droite la tremblote
te secouera et que le verre tu ne
tiendras
plus

   Herr Lübke
        Herr Lübke
            Herr Lübke
            JE M'EN SOUVIENDRAI
            ENCORE
            TELLEMENT
              C'ETAIT
                BEAU

Und
wenn du mein rücken
krumm sein wirst
und dich meine rechte hand
das zitterlein schüttelt und du kein glas
mehr halten wirst können

Herr Lübke
    Herr Lübke
        Herr Lübke
        ICH WERDE MICH
        IMMER NOCH
        DARAN ERINNERN
            SO DERMASSEN
            SCHÖN
                WAR DAS

Berlin

C'est sûr
je serai frappé par ton histoire
mon cœur en joie qui a vécu sous
les arbres géants de mon Afrique
éternelle
s'extasiera devant
ton passé
et mes pieds habitués à trotter trotter
trotter trotter trotter trotter trotter
dans la poussière et la boue et les
cailloux et les herbes et les immondices innombrables et
malodorantes
des rues de
Yaoundé
ne se lasseront pas d'arpenter cette
fois-ci tes trottoirs étincelants de
propreté

je visiterai la porte de Brandebourg
je visiterai le Reichstag
je visiterai le *mur*
oui le *mur*
là où des années durant
ton âme était fendue en deux
je me contenterai de son tracé
je me contenterai de la
East Side Gallery
je me contenterai des restes
je sais qu'il n'est plus là
ô Berlin

Berlin

gewiss
deine geschichte wird mich umhauen
mein herz voller freude das unter
den riesenbäumen lebte meines ewigen
Afrikas
in verzückung geraten wird es vor
deiner vergangenheit
und meine füße daran gewohnt zu latschen latschen
latschen latschen latschen latschen latschen
im staub und im schlamm
und den steinen und dem unkraut und dem unrat
unzählig und übelriechend
der straßen
Yaoundés
werden nicht müde werden diesmal
deine bürgersteige strahlend vor sauberkeit
zu durchmessen

das Brandenburger Tor werde ich besichtigen
den Reichstag werde ich besichtigen
die mauer werde ich besichtigen
ja die mauer
dort wo jahrzehntelang
deine seele entzwei gespalten war
ich werde mich mit ihrer spur begnügen
ich werde mich begnügen mit der
East Side Gallery
mit ihren überresten werde ich mich begnügen
ich weiß ja sie ist nicht mehr da
oh Berlin

voici venu le temps de ma rencontre
avec toi
je t'apporte le salut de tous les miens
qui sont morts sans te voir
mais qui ton nom magnifiaient
eux résidents du protectorat à
Kamerunstadt

moi aussi j'ai connu deux « zones »
la « *zone anglaise* »
et puis la « *zone française* »
et la ligne de démarcation
qu'il ne fallait pas franchir
« *Kamerun-est* »
et puis « *Kamerun-ouest* »
      TES LARMES
      ô Berlin
      DES ANNEES DURANT
      ont ruisselé sur mes joues

Je dis
      c'est sûr
      je serai frappé par ton passé

Car le 1er octobre 1961
      moi aussi j'ai connu
      la réunification

jetzt ist also die zeit meines gipfeltreffens gekommen
mit dir
ich überbringe dir den gruß all der meinen
die verstorben sind ohne dich zu sehen
deinen namen jedoch lobpreisten
sie die bewohner des protektorates in
Kamerunstadt

auch ich habe zwei „*zonen*" gekannt
die „*englische zone*"
und dann die „*französische zone*"
und die demarkationslinie
die keinesfalls zu übertreten war
„*Ost-Kamerun*"
und dann „*West-Kamerun*"
    DEINE TRÄNEN
    oh Berlin
    JAHRELANG
    waren sie mir über die wangen geronnen

ich sage
    gewiss
        deine vergangenheit wird mich umhauen

denn am 1. oktober 1961
    da habe auch ich
    die wiedervereinigung erfahren

Autor, Herausgeber und Übersetzer

Enoh Meyomesse (geb. 1955), Dichter, Politologe, Menschenrechtsaktivist und Politiker, ist mehrmals bei Präsidentenwahlen in seinem Land angetreten und wurde wegen seiner kritischen Haltung wiederholt inhaftiert, zuletzt von 2011 bis 2015 im Hochsicherheitsgefängnis Kondengui. Enoh Meyomesse ist Stipendiat des Elsbeth-Wolffheim-Literaturstipendiums der Stadt Darmstadt, die dieses Stipendium in Kooperation mit dem PEN-Zentrum Deutschland vergibt.
Von ihm sind bisher auf Deutsch erschienen: Gedichte des Häftlings in Kondengui (Wien: Löcker, 2013), Blumen der Freiheit (Wien: Löcker, 2015).

Sascha Feuchert (geb. 1971), Literaturwissenschaftler, Leiter der Arbeitsstelle Holocaustliteratur an der Justus-Liebig-Universität Gießen und Honorarprofessor an der Eastern Michigan University, Ypsilanti (USA). Er hat zahlreiche Publikationen und Editionen zur Gegenwartsliteratur sowie zur Holocaust- und Lagerliteratur vorgelegt, zuletzt erschien die Edition des Tagebuchs von Józef Zelkowicz aus dem Getto Lodz/Litzmannstadt: „In diesen albtraumhaften Tagen" (Göttingen: Wallstein, 2015).

Jürgen Strasser (geb. 1968), Romanist, Büroleiter im Österreichischen PEN-Club in Wien, hat zahlreiche Werke aus dem Französischen und Englischen übersetzt, darunter Bücher von Jean-Michel Maulpoix, Paul Tillard und Jack Mapanje.